DE LA SIGNIFICATION
DES MOTS « PAX » ET « HONOR »
SUR LES MONNAIES BÉARNAISES
ET DU S BARRÉ
SUR DES JETONS DE SOUVERAINS DU BÉARN

PAR

M. DELOCHE

EXTRAIT
DES MÉMOIRES DE L'ACADÉMIE DES INSCRIPTIONS ET BELLES-LETTRES
TOME XXXIV, 2ᵉ PARTIE

PARIS
IMPRIMERIE NATIONALE

LIBRAIRIE C. KLINCKSIECK, RUE DE LILLE, 11

M DCCC XCIII

DE LA SIGNIFICATION
DES MOTS « PAX » ET « HONOR »
SUR LES MONNAIES BÉARNAISES
ET DU *S* BARRE
SUR DES JETONS DE SOUVERAINS DU BÉARN

DE LA SIGNIFICATION
DES MOTS «PAX» ET «HONOR»
SUR LES MONNAIES BÉARNAISES
ET DU S BARRÉ
SUR DES JETONS DE SOUVERAINS DU BÉARN

PAR

M. DELOCHE

EXTRAIT
DES MÉMOIRES DE L'ACADÉMIE DES INSCRIPTIONS ET BELLES-LETTRES
TOME XXXIV, 2ᵉ PARTIE

PARIS
IMPRIMERIE NATIONALE

LIBRAIRIE C. KLINCKSIECK, RUE DE LILLE, 11

M DCCC XCIII

DE LA SIGNIFICATION
DES MOTS «PAX» ET «HONOR»
SUR LES MONNAIES BÉARNAISES,
ET DU *S* BARRÉ
SUR DES JETONS DE SOUVERAINS DU BÉARN.

I

DES MOTS *PAX* ET *HONOR*.

L'important et remarquable ouvrage de MM. G. Schlumberger et Adr. Blanchet intitulé *Numismatique du Béarn* contient, en son premier volume, une histoire monétaire de cette province, due à la plume de M. Blanchet.

Dans le troisième chapitre de cette histoire, à propos du classement des espèces frappées dans les ateliers béarnais, l'auteur a recherché le sens des termes PAX et HONOR ou ONOR, qu'on lit au revers de nombreuses pièces émises, au nom des vicomtes souverains du Béarn, depuis la fin du XIe siècle jusqu'à la fin du XVe.

Après une courte analyse des opinions de ses prédécesseurs, M. Blanchet[1] s'est prononcé en faveur de l'interprétation de PAX par «Paix» ou «Trêve de Dieu», qui fut, comme l'on sait,

---

[1] *Histoire monétaire du Béarn*, p. 55.

solennellement proclamée à la fin du xe siècle et confirmée dans les siècles suivants.

Quant au terme *Honor* ou *Onor*, M. Blanchet lui attribue le sens de « droit honorifique, seigneurie ou domaine [1] ».

Avant de discuter ces hypothèses, nous devons faire l'historique des questions à résoudre.

En 1851, notre savant confrère et ami Anatole de Barthélemy exprima la pensée que le mot PAX indiquait une intervention épiscopale dans le monnayage; que c'était une sorte de bénédiction des prélats, analogue à la dextre bénissante qui se remarque sur le numéraire de quelques localités [2].

Dans le cours de la même année, Benjamin Fillon, qui, du reste, considérait ce terme comme une des dégénérescences du type carolingien avec l'inscription de REX dans le champ, l'interprétait dans le sens de *Paix* ou *Trêve de Dieu*, qui, dit-il, fut accueillie avec tant d'enthousiasme dans toutes les parties de la France [3].

M. Anat. de Barthélemy fut frappé de cet aperçu ingénieux; mais il crut que, dans le même ordre d'idées, la question pouvait être encore serrée de plus près, et, en 1857 [4], il écrivait ce qui suit : « Un des principaux résultats de la Paix de Dieu fut la formation des communes, qui, dans le principe, étaient elles-mêmes désignées sous le titre de *Paix* : la plus ancienne *Trêve de Dieu* fut consacrée en 1047 [5] par le concile de *Téluges* ou *Télujes* en Roussillon, et les monnaies de cette province

---

[1] *Hist. monét. du Béarn*, p. 56-57.
[2] *Manuel de numism. du moyen âge et moderne*, p. 188.
[3] *Considérations sur les monnaies de France*, 1851, p. 92-93.
[4] *Revue numismatique*, 2e série, t. II, p. 364.
[5] Nous verrons plus bas, p. 189, que la Trêve de Dieu fut proclamée par l'Église longtemps avant cette date.

portent le mot PAS; » sa présence sur le numéraire pouvait, d'après notre confrère, marquer la part du tiers état dans le monnayage.

La commune de Morlàas existait dès le xie siècle, et l'on sait que les vicomtes de Béarn ne pouvaient changer ni le titre ni l'aloi de leurs monnaies sans le consentement des prélats, des barons et des communes de leur domaine[1].

M. Caron, dans son livre *Des monnaies féodales françaises*, a reproduit l'explication de B. Fillon, et, avec une variante, celle de M. de Barthélemy, sans prendre parti pour l'une ou pour l'autre : « *Pax* serait, dit-il, une allusion à la *Paix de Dieu*, et pourrait aussi rappeler le nom de conventions faites *entre les gens des communes* [2]. »

Enfin, M. Blanchet, qui s'est prononcé, comme nous l'avons dit, en faveur de l'allusion à la *Paix de Dieu*, a rappelé, à l'appui de cette opinion, un accord perpétuel conclu par Centulle IV avec Raymond Guillaume, vicomte de Soule, et qui se termine par ces mots : « Pax hominibus bonæ voluntatis [3] ».

Une grande variété de conjectures s'est également produite relativement au sens du mot HONOR ou ONOR, qui se lit au revers de nombreuses espèces béarnaises.

M. Anat. de Barthélemy, dans son Manuel déjà cité, disait que, sur ces monnaies, la légende *Honor Furciae Morl.* était synonyme de *Palatium* ou *Castellum Furcie Morlani*, « Château

---

[1] Une quatrième interprétation a été proposée pour le mot *Pax* : celle de « banlieue ou territoire suburbain ». Mais nous ne la mentionnons ici que pour mémoire; car, inspirée assurément par un article de Du Cange, elle n'est applicable que lorsque *Pax* est suivi des mots *villae*, *urbis* ou *civitatis*, ou bien d'un nom de ville ou de bourgade. (Voir les exemples cités par Du Cange, *Glossar.*, édit. Didot, t. V, p. 158, col. 2 et 3.) .

[2] *Monnaies féodales françaises*, 1883, p. 178.

[3] *Histoire monét. du Béarn*, p. 54-55. M. Blanchet cite cet accord d'après P. de Marca, *Hist. de Béarn*, p. 294.

de la Fuerquie de Morlas[1] ». Cette traduction fut adoptée sans réserve par Pocy d'Avant[2].

Quelques années plus tard, dans l'article de la *Revue numismatique* dont nous avons reproduit un extrait, notre savant confrère montrait quelque hésitation sur ce sujet, car, parlant de l'inscription *Pax et honor forquie Morlaeis* gravée sur un denier du vicomte Gaston X de Grailly [3], il disait : « Je n'ose pas affirmer que cette formule indique la *commune* et le *château de Morlàas*; peut-être qu'à l'époque où fut frappé ce denier le vicomte de Béarn était seul maître de la monnaie, et que, jouant sur les mots, il avait voulu simplement composer une devise[4]. »

En 1883, M. Caron déclare qu'à son avis « le mot *Honor* a bien la signification de seigneurie territoriale [5] ».

Dans le *Nouveau Manuel de numismatique*, publié en 1890, M. Blanchet s'est borné à traduire *Honor* par « droit honorifique, domaine[6] », etc. Mais, en dernier lieu, dans son *Histoire monétaire du Béarn*[7], il s'est un peu plus étendu sur cette question : « Certains feudistes, dit-il, ont expliqué *Honor* par « bénéfice », mais on a démontré que c'est une erreur[8]. Par *Honor* il faut entendre les droits honorifiques, la seigneurie, le domaine, le territoire, la terre patrimoniale. » L'auteur signale ensuite un passage du *for* ou charte des libertés du Béarn, dans lequel ce terme a la valeur de « seigneurie », et il se demande s'il n'aurait pas été placé sur la monnaie des vicomtes en souvenir de la

---

[1] *Manuel de numism. du moyen âge et moderne*, 1851, p. 188.

[2] *Monn. seigneur. de France*, 1853, p. 192.

[3] C'est le comte de Foix, quatrième de ce nom (1436-1472).

[4] *Revue num.*, 2ᵉ série, t. II, p. 365.

[5] *Monn. féod. franç.*, p. 178. M. Caron renvoie le lecteur à un opuscule où cette interprétation lui paraît avoir été péremptoirement démontrée.

[6] P. 305.

[7] P. 56-57.

[8] M. Blanchet cite en cet endroit Championnière, *De la propriété des eaux courantes*, 1846, p. 162.

concession qu'ils avaient reçue, au commencement du xiᵉ siècle, de la souveraineté de cette province.

La première réflexion que suggère l'exposé qui précède, c'est que les érudits qui ont jusqu'ici traité ce sujet ont tous étudié séparément la signification des deux mots PAX et HONOR, comme s'il n'y avait entre eux aucun lien. Or, ces mots font, tout au contraire, partie d'une même légende, gravée au revers des espèces béarnaises, et que nous reproduisons ici avec ses variantes :

Pax (dans le champ); onor forcas (au pourtour)[1];
Pax et honor forcas morlan[2];
Pax et honor forquie morlaci (*var.* morlacis, morlanis, morlani, morlan, morla, morl, mor, mo, m)[3];
Pax et honor forquie (*var.* forqu, forq, for, fo, f[4]).

On voit que PAX et HONOR figurent ensemble dans toutes nos monnaies, et sont même, sur la plupart d'entre elles, unis par la conjonction ET. Il faut conséquemment, à l'inverse de nos prédécesseurs, les envisager comme parties intégrantes d'une même inscription, et chercher une explication où ils soient en relation directe l'un avec l'autre et aussi avec les derniers termes de la légende, forcas ou forquie morlacis ou morlanis.

Nous commencerons cette recherche par le mot HONOR, qui, une fois expliqué, nous aidera à interpréter rationnellement le mot PAX.

Honor a été employé, au moyen âge, dans plusieurs accep-

---

[1] Schlumberger, *Description des monnaies, jetons et médailles du Béarn*, nᵒˢ 1-4, 7 et 18; p. 1, 2, 4 et 8.
[2] *Ibid.*, nᵒ 13, p. 7.
[3] Schlumberger, nᵒˢ 10-16, 25-29, 32-34, 36, 41; p. 6-8, 11-15, 17; Addit. p. 74.
[4] *Ibid.*, nᵒˢ 19, 20, 30, 35; p. 9, 12, 14.

tions. Et d'abord, il n'est point exact de prétendre qu'il n'a pas eu le sens de *bénéfice*; c'est le contraire qui est vrai. Du Cange en a donné des preuves nombreuses [1], auxquelles nous sommes en mesure d'ajouter un exemple décisif, tiré du cartulaire de l'abbaye de Beaulieu en Limousin. Dans un règlement daté de 971, les deux abbés qui gouvernaient alors le monastère instituent, dans les courts ou villas, des serfs-vicaires ou serfs-juges chargés d'exiger des tenanciers les services qui lui étaient dus; il leur est attribué un manse de la villa à laquelle ils sont préposés, et ils perçoivent, dans chacun des autres manses, diverses redevances; ils jurent *fidélité*. Or il est dit : « Si *infideles* reperti fuerint, *perdant totum*.... Si ullus ex illis obierit, *honor* ejus S. Petro remaneat...; si filios legitimos habuerint, major *honorem* totum teneat; post suum decessum, secundus *honorem* teneat [2]. » Ici le caractère bénéficial de *honor* est tellement évident et indéniable que je n'ai pas à y insister.

Ajoutons qu'il y a des textes dans lesquels les *honores* sont opposés aux *alodia* et aux *proprietates* [3].

Et pourtant, le mot *honor* a servi fréquemment aussi à désigner soit des biens occupés à titre *alodial* ou de *propriétaire*, soit des possessions d'origine quelconque et de caractère indéterminé [4].

En Espagne, le *honor* ou la *honor* se distingue du *feudum* et de la *terra* en ce qu'il est donné sans condition (telle que serait le service d'une rente ou du revenu d'une ville ou bourgade), et qu'il ne peut, du vivant du donataire, lui être enlevé sans motif valable [5].

[1] *Glossar.*, édit. Didot, t. III, p. 692, col. 1 et 2.
[2] Voir notre édition du *Cartulaire de Beaulieu* dans les *Docum. inéd. de l'hist. de France*, charte L, p. 93.
[3] Du Cange, *ubi supra*, p. 692, col. 2, cite plusieurs exemples, dont deux sont empruntés à des documents espagnols.
[4] *Ibid.*, col. 2 et 3.
[5] *Ibid.* p. 693, col. 1.

Enfin, par ce mot, on a parfois (du moins au XIVᵉ siècle) entendu un territoire, un district ou une banlieue [1].

Il a donc été employé avec des significations très diverses, entre lesquelles le choix paraît d'abord difficile. Mais des documents béarnais, conséquemment tout à fait topiques, permettent de discerner celle qui convient ici. Dans les *fors* ou charte des libertés de Béarn, la *honor d'Acxe e de Sole* veut dire « la seigneurie de Dax et celle de Soule [2] », et, sur le numéraire vicomtal, ce terme a bien la valeur de « droit seigneurial »; j'ajoute que le mot *forcas* ou *forquie*, qui le suit dans l'inscription monétaire, détermine avec une entière précision la nature et l'étendue de ce droit des vicomtes. C'est celui de faire dresser sur leurs terres des fourches patibulaires, emblême très significatif du pouvoir de haute et moyenne justice, c'est-à-dire du *merum imperium*.

Ces instruments de supplice sont, comme on le sait, appelés au moyen âge *furcae*, par corruption *forcae* [3] et plus tard *furciae*, *furquiae*, *forquiae* ou *forquinae* [4].

Sur les plus anciennes de nos monnaies [5], c'est la forme *onor forcas* qui apparaît; presque toutes celles de Gaston X de Grailly (1436-1472) [6] et celles qui les ont suivies portent *honor forquie*. Sur les unes comme sur les autres, ces expressions ont le sens de « droit aux fourches », c'est-à-dire de l'entier pouvoir de justice criminelle.

---

[1] Du Cange, *ubi supra*, col. 2.

[2] Blanchet, *op. cit.*, p. 56. Cf. le *Dictionnaire béarnais* de Lespy et Raymond, 1887, t. I, p. 361.

[3] Voir les exemples cités par Du Cange, *Glossarium*, édit. Didot, t. III, p. 437, col. 2. Le nombre de piliers que le seigneur justicier pouvait établir pour ses fourches patibulaires variait suivant sa dignité. Le comte avait droit à trois piliers, le vicomte à deux seulement. (*Ibid.*, p. 438, col 3.)

[4] *Ibid.*, p. 439, col 3.

[5] Nᵒˢ 1-3, 7, 8, 13, 18 et 21. Voir dans Schlumberger, *Descript. des monn. du Béarn*, p. 1, 2, 4, 7-9.

[6] Nᵒˢ 10-17, 19 et 20; *ibid.*, p. 6-9, et Additions, p. 74.

Du Cange, qui suivait en cela P. de Marca, a pensé que *furcia*, *furquia* ou *forquia* désignait ici une demeure, un palais des anciens vicomtes de Béarn, et que *honor furciae Morlani* signifiait *feudum domus Morlani*, « fief de la demeure ou palais de Morlàas[1] ».

Cette interprétation[2] est difficile à accepter : on ne comprend guère ce que pourrait être le fief d'une résidence vicomtale à Morlàas.

Vers l'année 1012, le roi de Navarre Sanche le Grand, en récompense de l'aide que lui avait donnée le vicomte de Béarn Centulle Gaston, dans ses luttes glorieuses contre les Musulmans d'Espagne, lui avait concédé la souveraineté de sa province[3]. Morlàas était une simple localité de cette province; à quel propos les successeurs de ce dynaste auraient-ils fait mention de leur *fief* de Morlàas? Cela supposerait la dépendance d'un suzerain : or, ils étaient souverains et n'étaient conséquemment feudataires de personne.

D'un autre côté, *forquie*, qui, sur les monnaies béarnaises, avait remplacé *forcas*, n'est évidemment qu'une provenance, une transformation de ce dernier terme, et ne pouvait avoir, du moins à l'origine, que la signification de « fourches patibulaires ». Si, plus tard, le château de Morlàas prit le nom de *la Hourquie*, ce nom, dérivé du *forquie* des monnaies du XVe siècle, vient, ainsi que M. Blanchet l'a fait justement observer, « du droit à des fourches patibulaires[4] ».

A la vérité, des lettres du pape Urbain II datées de 1096

---

[1] *Glossar.*, t. III, p. 439, col. 3.

[2] Elle se rapproche beaucoup de celle que M. de Barthélemy formulait en 1857 avec hésitation (*Revue num.*, 2ᵉ série, t. II, p. 365); seulement, dans l'hypothèse de notre savant confrère, c'était *honor* et non pas *forquie* qui aurait pu se traduire par *palatium* : *forquie* aurait été le nom propre du palais.

[3] P. de Marca, *Hist. de Béarn*, p. 274 et 413.

[4] *Op. cit.*, p. 23.

semblent donner à Morlàas le nom de *Forcas* : il y est dit que l'église de Sainte-Foy de Morlàas est située dans le comté de Béarn et dans la ville de *Forcas* [1]. Mais cette énonciation est assurément le résultat d'une erreur, provenant soit d'une rédaction ou d'une copie vicieuse de la note qui servit à la chancellerie romaine pour dresser l'acte précité, soit d'une méprise du secrétaire chargé de ce dernier travail. En effet, depuis la fin du xie siècle jusque dans la première moitié du xvie, nos monnaies portent les mots *honor forcas* ou *forquie Morlaeis* ou *Morlanis*, ou bien des formes réduites de ce vocable. Si Morlàas s'était appelé, au xie siècle, *Forcas,* le nom de *Morlaeis* ou *Morlanis* aurait certainement disparu depuis et bien avant le xve ou le xvie siècle : loin de là, c'est celui de Morlàas qui persiste et s'est maintenu jusque dans les temps modernes.

En outre, le château de Morlàas, comme il a été dit plus haut, prit dans les derniers temps le nom de *la Hourquie*, dérivé de *fourquie* [2]; or, le château et la ville étaient parfaitement distincts l'un de l'autre. Le premier était bâti sur le coteau; la ville était au bas; l'église Sainte-Foy est *dans la ville* et non dans le périmètre de l'ancien château, aujourd'hui détruit.

L'énonciation contenue dans l'acte de la chancellerie romaine est donc manifestement erronée.

Quant au nom de Morlàas qui termine la légende monétaire, on serait tenté de voir dans le *honor forcas Morlaeis* le droit d'élever des fourches, en d'autres termes, d'exercer le pouvoir de haut justicier *dans cette localité*. Mais une telle interprétation serait inexacte. En effet, les vicomtes, pourvus, dès les premières années du xie siècle, de la souveraineté sur tout le Béarn, avaient la faculté d'ériger des fourches patibulaires dans toute l'étendue

---

[1] Lettres rapportées par P. de Marca, *Hist. de Béarn*, p. 103. — [2] Blanchet, *op. cit.*, p. 23.

et sur un point quelconque de la province. Ils n'avaient aucunement à affirmer ou à rappeler sur leur monnaie l'exercice de ce pouvoir *à Morlàas*; c'eût été même un acte non seulement inutile, mais préjudiciable à leur intérêt et à leur droit, dont il aurait impliqué une sorte de restriction.

Le nom de Morlàas inscrit sur le numéraire sorti de son officine était la marque de cette officine; et, comme celle-ci fut, jusqu'en 1351, date de l'établissement de Saint-Palais, le seul hôtel des monnaies des vicomtes, et qu'elle resta, jusqu'à la création de celui de Pau, le centre le plus actif de la production de la province; qu'enfin ses produits étaient fort renommés et recherchés[1], même en dehors du Béarn, on comprend qu'elle ait tenu à les marquer de son nom ou de ses initiales.

En résumé, *honor forcas* (ou *forquie*) est l'affirmation du droit aux *fourches* patibulaires, ou de haute et moyenne justice, des vicomtes de Béarn.

Le nom ou les initiales du nom de Morlàas, qui viennent après, sont la marque de l'atelier.

C'est par la suite des temps que, de l'existence de ces appareils de juridiction criminelle, le château prit le nom de château de *la Fourquie* et finalement de *la Hourquie*.

Ces points établis, je passe à la question d'interprétation du mot PAX.

J'ai dit plus haut et il me semble impossible de contester qu'il y a entre ce terme et les autres parties de la légende monétaire une relation étroite, dont il faut évidemment tenir grand compte. L'explication que nous en cherchons doit donc nécessairement se trouver en rapport logique et direct avec ce qui le suit.

[1] Blanchet, *op. cit.*, p. 90.

Ce rapport n'existe, à aucun degré, entre le droit aux fourches patibulaires, traduction de *honor forcas*, et les interprétations jusqu'ici proposées pour le mot PAX.

Cette raison suffit pour écarter tout d'abord et sans hésitation l'hypothèse d'une intervention épiscopale dans le fait du monnayage; celle du règlement de part du tiers état dans le bénéfice de ces opérations, et celle de conventions passées avec ou entre les gens des communes, hypothèses qui manifestement ne se rattachent par aucun point au plein pouvoir de justice criminelle des vicomtes.

Quant à la *Trêve de Dieu*, qui fut proclamée par l'Église dès la fin du Xe siècle et fréquemment confirmée au XIe, dans le dessein d'éteindre ou de suspendre, tout au moins d'atténuer dans ses conséquences, le fléau des guerres entre les grands et les petits feudataires et leurs vassaux, il est bien certain que la sanction de cet acte solennel ne résidait point dans les juridictions particulières de seigneurs tels que les vicomtes de Béarn; elle consistait essentiellement dans les peines canoniques : l'excommunication des contrevenants, la mise en interdit de leurs églises et de leurs terres, et, au besoin, dans l'action commune des fidèles de la trêve contre ceux qui la violaient, action d'où pouvaient sortir le bannissement des coupables et la dépossession de leurs domaines.

En 1031, lorsque, la Trêve de Dieu ayant été renouvelée par les prélats de France dans leurs diocèses respectifs [1], les

---

[1] On voit par là qu'il n'est pas exact de considérer la Trêve de Dieu, consacrée en 1047 à Télujes en Roussillon, comme étant la plus ancienne. Cette institution remonte même, comme nous l'avons dit, au delà du XIe siècle, car elle fut proclamée dès la fin du Xe. Nous citerons comme preuves de ce fait : 1° la charte de Trêve et de Paix conclue en 988, sous les auspices de Wédon, évêque du Puy, et de Théobald, archevêque de Vienne (D. Bouq., *Histor. de France*, t. X, p. 535, note); 2° le premier concile de Charroux (989), ceux de Narbonne et du Puy (990), de Limoges

seigneurs du Limousin se montrèrent réfractaires aux commandements de leur évêque Jordan, le deuxième concile tenu à Limoges, cette même année, les frappa d'excommunication[1]. Mais apparemment, aucun des puissants personnages de la province, ni le vicomte de Limoges, ni le vicomte de Turenne, non plus que ceux d'Aubusson ou de Ventadour, ne songèrent à les assigner à leur tribunal.

Il n'y a donc point, pour en revenir aux vicomtes de Béarn et à leur légende monétaire, de relation spéciale à établir entre leur droit aux fourches patibulaires, *honor forcas*, et la Trêve de Dieu.

Il faut noter, en outre, que l'inscription *Pax et honor forquie* se voit jusque sur les pièces du vicomte Henri Ier d'Albret (Henri II de Navarre), qui régna de 1516 à 1555[2]. Si *Pax* avait eu le sens de *Trêve de Dieu*, est-il admissible qu'on l'eût maintenu jusqu'au milieu du xvie siècle, alors que, depuis si longtemps, l'institution avait cessé d'exister et que le mot avait même perdu sa signification ?

Concluons que cette interprétation doit être écartée comme les autres.

Je n'aperçois, à vrai dire, qu'une seule explication qui rem-

---

(997-998) et de Poitiers (1000). Voir sur ce sujet Sémichon, *Paix et Trêve de Dieu*, p. 7-14; Ludwig Huberti, *Gottesfrieden und Landfrieden. Rechtsgeschichtliche Studien*, t. I, 1892, et l'article bibliographique de M. F. Lot dans *Bibliothèque de l'École des chartes*, année 1893.

[1] « Excommunicamus illos milites de « illo episcopatu Lemovicensi qui pacem et « justitiam episcopo suo firmare, sicut ipse « exigit, nolunt aut noluerunt. Maledicti « ipsi et adjutores eorum in malum, male- « dicta arma eorum et caballi illorum... « Et sicut haec lucernae extinguuntur in « oculis vestris, ita gaudium eorum extin- « guetur in conspectu sanctorum angelo- « rum.... » Omnes episcopi et presbyteri candelas ardentes in manibus tenentes, mox eas in terram projicientes extinxerunt. » Mansi, *Conciliorum amplissima collectio*, t. XIX, col. 530.

[2] Voir *Numismat. du Béarn*, t. II, *Descript. des monnaies du Béarn*, par G. Schlumberger, n°s 41, 46 et 47, p. 17-19.

plisse la condition essentielle, indispensable, d'une relation étroite et directe avec les autres parties de la légende monétaire.

Cette explication est d'ailleurs bien simple : elle consiste à prendre le terme de *Pax* dans son sens primitif et concret de « Paix sociale », d'« Ordre matériel », assuré sur toute la surface du domaine vicomtal.

Entendu ainsi, il est tout naturel qu'il soit suivi de l'affirmation ou plutôt du rappel de ce qui était la garantie de cette Paix, de cet Ordre : le droit de haut justicier, *honor forcas*, le droit aux fourches patibulaires, manifestation du pouvoir répressif des vicomtes, souverains de Béarn.

Je passe à l'étude du *S* barré.

II

DU *S* BARRÉ GRAVÉ SUR DES JETONS DE SOUVERAINS DU BÉARN.

Le *S* barré (𝒮) figure sur trois jetons de Jeanne d'Albret [1], sur trois jetons de sa fille Catherine de Bourbon [2] et sur un seul jeton de son fils Henri II de Béarn (le roi de France Henri IV) [3].

Dans le chapitre IV de son *Histoire monétaire du Béarn*, au cours d'une excellente étude des types successivement adoptés par les monnayeurs de la vicomté, M. Blanchet a recherché quelle pouvait être la signification du *S* barré sur les monuments précités.

Ce problème avait déjà exercé l'imagination des archéologues et des numismatistes. Après avoir écarté des hypothèses sans valeur émises par Duby, Vatout, Ed. Fournier, Jules Labarte,

---

[1] N°ˢ 14, 16 et 17 (*Numismat. du Béarn*, p. 53 et 54).

[2] N°ˢ 20-22 (*Num. du Béarn*, p. 55-56).

[3] N° 30 (*ibid.*, p. 58).

et réfutées péremptoirement par Adr. de Longpérier, M. Blanchet a reproduit une explication que notre éminent et regretté confrère avait proposée en 1856. Elle consiste à regarder le *S* barré comme un rébus correspondant au jeu de mots : *fermesse* (*ferme-es*)[1]. Longpérier rappelait, à ce propos, un passage du livre des *Bigarrures* où un écrivain du XVIᵉ siècle, Étienne Tabourot, a dit que « le *S* fermé d'un trait signifiait *fermesse* pour *fermeté*[2] ».

M. Chaudruc de Crazannes, dans un article inséré en 1857 au tome II de la *Revue numismatique*, combattit cette proposition : le mot *fermesse* n'appartenait, d'après lui, à aucun idiome connu; et il lui semblait préférable d'interpréter le *S* barré par *fermo-es* (il est ou elle est *fermé*); je vois là, ajoutait-il, l'image symbolique du *Justum et tenacem propositi virum* d'Horace et aussi de la *Femme forte*[3].

Dans une note imprimée à la suite de cet article, Longpérier fit observer qu'en langue béarnaise le rébus tel que le présentait M. de Crazannes, serait incompréhensible, « parce que le nom de la lettre *S* est *èsso*; que la troisième personne du présent de l'indicatif du verbe *être* est *eyt*, et que le participe du verbe *fermar* (si ce verbe existait) ne serait pas *fermo*, mais *fermat* au masculin et *fermado* au féminin, en sorte qu'on aurait d'une part *fermo-est* et de l'autre *fermado-esso*. Mais encore faudrait-il admettre l'existence du verbe *fermar*, gallicisme inconnu aux Béarnais comme aux Espagnols. *Esso-barrado* serait la véritable forme; et que deviendrait alors le jeu de mots que M. de Crazannes admet comme nous[4]? »

Mais Longpérier ne se borna pas à cette réfutation catégo-

---

[1] *Rev. num.*, 2ᵉ série, t. I, p. 268-276.
[2] *Bigarrures*, chapitre des *Rébus de Picardie*.
[3] *Revue numism.*, 2ᵉ série, année 1857, p. 174-177.
[4] *Ibid.*, p. 179.

rique : il revint, dans la même note, sur sa proposition de 1856, et il produisit à l'appui une curieuse petite pièce de Loys Papon, poète forésien du XVIᵉ siècle [1].

Sous ce titre : *La fermesse d'amour*, on y voit un cadre qui est parsemé de petites flammes, et dans lequel sont gravés les deux fragments d'un arc traversé par une flèche.

Au-dessous, les six vers suivants :

> Fermesse dont l'Amour peint un chiffre d'honneur,
> Comune en l'escriture et rare dans le cueur,
> Tes liens en vertus les fidelles asseurent ;
> Mais, ainsi que ta forme est d'un arc mis en deux,
> Le désir inconstant froisse et brise tes noeudz,
> Ce pendant que les mains ta *fermesse* figurent.

« Ici, dit Longpérier, le *S* barré est formé de deux fragments d'arc traversé par une flèche... L'arc et la flèche représentent la *fermesse d'amour* [2]. »

Aux éléments produits dans ce débat, M. Blanchet en a ajouté de fort intéressants sur lesquels nous reviendrons plus bas, et il conclut en se déclarant « disposé à adopter l'explication de Longpérier pour tous les monuments du XVIᵉ siècle et du commencement du XVIIᵉ [3] ».

J'ai le regret de ne point partager cette manière de voir.

Il me semble, en effet, qu'il y a une explication beaucoup plus simple à donner du *S* barré.

Ce caractère a une valeur bien connue des paléographes et des archéologues : c'est l'abréviation si usitée de *sigillum* ou *signum;* il servait à exprimer l'idée de « sceller » un engagement d'affection ou d'autre nature, d'en assurer la solidité et la durée.

---

[1] *Œuvres du chanoine Loys Papon*, Lyon, 1857, in-8°, p. 81.

[2] *Œuvres de Loys Papon*, p. 177-178.
[3] *Hist. monét. du Béarn*, p. 84-86.

Quant à considérer le *S* barré comme un rébus dont *fermesse* (*ferme-es*) est la traduction, j'admets volontiers qu'il a pu en être fait, au XVIe siècle, un pareil emploi, qui était bien d'ailleurs conforme au goût et à la mode de ce temps. Mais il me paraît fort douteux que tel en fût l'usage courant. *Fermesse*, traduction du latin *firmitas*, contemporain et même frère du catalan *fermeza*, se rencontre dans le *vieux for de Béarn*, charte des antiques libertés des habitants de cette province, qui ne comportait guère de jeux de mots, et il s'y présente avec la signification de force, de solidité des clauses d'un contrat[1]; il était employé ainsi communément.

En ce qui concerne le sizain de la *Fermesse d'amour* de Loys Papon, on n'a pas donné une attention suffisante à son dernier vers : après avoir dit qu'il regarde la figure allégorique formée de fragments de l'arc (symbole de l'amour)[2] traversé par une flèche comme l'emblème de « nœuds brisés par l'inconstance », il ajoute : « Ce pendant que *les mains ta fermesse figurent* ».

Comme il n'y a point *de mains* représentées dans la gravure, on comprendrait difficilement ces expressions si, dans d'autres pièces du recueil de Papon, on ne voyait *les deux mains unies* symbolisant l'amour et *sa fermesse*[3].

Un exemple concluant de ce mode de figuration nous est d'ailleurs fourni par un livre d'heures de Catherine de Médicis conservé au Louvre (galerie d'Apollon) et ainsi décrit par M. Blanchet : « Il porte, sur un des plats de la reliure, une

---

[1] « Que agusse *fermesse* et valor segun dret e for. » (*Le vieux for de Béarn*, édit. de Mazure et Hatoulet, p. 147; cité par Blanchet, *op. cit.*, p. 84.)

[2] Voir *Œuvres du chanoine Loys Papon*, p. 74, 80, 84, 87, 89, 93 et 94, où l'arc est figuré avec cette signification.

[3] Sous ce titre : *Traverses d'amour*, est représenté un anneau dont le chaton est formé de deux mains unies et coupé par une flèche. (*Œuvres de Loys Papon*, p. 66.) Sous le titre *Désespoir d'amour*, on voit les deux mains séparées par une flèche (*Ibid.*, p. 88.)

bonnefoi tenant un *S* barré, le tout entouré d'un listel sur lequel on lit : FIRMUS AMOR JUNCTAE ADSTRINGUNT QUEM VINCULA DEXTRAE [1].

A la suite de sa description, M. Blanchet signale « la relation directe de cette légende avec les mains unies tenant le *S* barré ». Mais, au lieu d'en déduire la conséquence qu'elle implique, il adhère, comme on l'a vu plus haut, à l'avis de Longpérier, c'est-à-dire à l'explication du *S* barré par le jeu de mot *ferme-es*.

Or, la conclusion logique à tirer de là est que ce n'est point le *S* barré, mais « l'étreinte des mains, *junctae dextrae* », qui symbolise le *fidus amor* sur le livre de Catherine de Médicis, de même que « LES MAINS *figurent la fermesse d'amour* » dans le sizain de L. Papon.

Le *S* barré que tiennent les mains unies signifie que la promesse de constant amour est scellée du *sigillum* ou *signum* des deux amants.

On reconnaît ainsi que le caractère conservait alors, comme dans les siècles précédents, la valeur du *sigillum* ou *signum* destiné à sceller les engagements de toutes sortes, ou les correspondances dans lesquelles ils étaient consignés ou rappelés.

Ajoutons que si l'on rapproche cette interprétation, imposée par l'histoire, des nombreux et curieux exemples recueillis et énumérés par M. Blanchet [2], on constate qu'elle s'y applique tout naturellement et de la manière la plus satisfaisante, tandis que celle de Longpérier y conviendrait difficilement, et serait même, pour certains de ces exemples, d'une adaptation impossible.

Je ne terminerai pas le présent mémoire sans rendre pleine justice au savoir et au talent dont témoigne l'*Histoire monétaire*

---

[1] *Œuvres du chanoine Loys Papon*, p. 84. — [2] *Ubi supra*.

du Béarn de M. Adrien Blanchet. Le dissentiment où je suis avec l'auteur sur les points que je viens de traiter ne m'empêche pas de reconnaître le grand mérite de son œuvre, et d'y voir une des meilleures monographies de numismatique provinciale qui aient paru depuis longtemps.

www.ingramcontent.com/pod-product-compliance
Lightning Source LLC
Chambersburg PA
CBHW060919050426
42453CB00010B/1819